BEI GRIN MACHT SICH IHR
WISSEN BEZAHLT

- Wir veröffentlichen Ihre Hausarbeit,
  Bachelor- und Masterarbeit

- Ihr eigenes eBook und Buch -
  weltweit in allen wichtigen Shops

- Verdienen Sie an jedem Verkauf

Jetzt bei www.GRIN.com hochladen
und kostenlos publizieren

Erik Weihmann

Die Genese und Entwicklung des Parteiensystems in Ostdeutschland 1989-2009

GRIN Verlag

Bibliografische Information der Deutschen Nationalbibliothek:

Die Deutsche Bibliothek verzeichnet diese Publikation in der Deutschen National-
bibliografie; detaillierte bibliografische Daten sind im Internet über http://dnb.d-
nb.de/ abrufbar.

Impressum:

Copyright © 2009 GRIN Verlag GmbH
Druck und Bindung: Books on Demand GmbH, Norderstedt Germany
ISBN: 978-3-656-60571-3

Dieses Buch bei GRIN:

http://www.grin.com/de/e-book/269478/die-genese-und-entwicklung-des-parteien-
systems-in-ostdeutschland-1989-2009

GRIN - Your knowledge has value

Der GRIN Verlag publiziert seit 1998 wissenschaftliche Arbeiten von Studenten, Hochschullehrern und anderen Akademikern als eBook und gedrucktes Buch. Die Verlagswebsite www.grin.com ist die ideale Plattform zur Veröffentlichung von Hausarbeiten, Abschlussarbeiten, wissenschaftlichen Aufsätzen, Dissertationen und Fachbüchern.

Besuchen Sie uns im Internet:

http://www.grin.com/

http://www.facebook.com/grincom

http://www.twitter.com/grin_com

Universität Erfurt

Staatswissenschaftliche Fakultät

Fachrichtung Sozialwissenschaften

Seminar:„Soziale Strukturen und Prozesse -

Transformation und politische Parteien in Ostdeutschland"

UNIVERSITÄT
ERFURT

Sommersemester 2009

Verschriftlichung des Referates vom 29.04.09

Die Genese und Entwicklung des Parteiensystems in Ostdeutschland 1989-2009

Name:	Weihmann
Vorname:	Erik
Semesteranzahl:	5
Angestrebte LP:	6
Abgabedatum:	14. August 2009

I. Einführung

Der Zusammenbruch der staatssozialistischen Systeme um die Jahre 1989/90 in der Sowjetunion und Osteuropas machte im selben Atemzug die oberflächliche Simplizität bei gleichzeitiger innerer Komplexität von Einparteienherrschaften, beziehungsweise das Primat einer marxistisch-leninistischen Partei mit der Duldung und institutionellen Inkorporierung von *Blockparteien*, obsolet. Die Konsequenz des anschließenden Demokratisierungsprozess war nicht mehr oder minder die Transformation der jeweiligen nationalen Parteiensysteme von der Monopol-, respektive Dominanzstellung der bis dahin regierenden kommunistischen Parteien hin zur Pluralisierung, Neugründung, und organisatorischen Neuformierung an sich, in einem neuen konstitutionellen Arrangement.

Die vorliegende Verschriftlichung des Referats *Die Genese und Entwicklung des Parteiensystems in Ostdeutschland 1989 bis 2009* vom 29. April 2009 wird sich dem Transformationsprozess der äußersten Peripherie des ehemaligen sowjetkommunistischen Machtbereichs widmen – der DDR. Zunächst wird ein Blick auf die Gründung und Entwicklung ostdeutscher Parteien nach Kriegsende bis zum Reformjahr 1989 gelegt, bevor nachfolgend dieses und das darauffolgende Jahr – die Kernjahre der Systemtransformation – analysiert werden sollen. Es schließt sich dann die Darstellung des weiteren Entwicklungswegs der Parteien in der Nachwendezeit nunmehr in den so genannten Neuen Bundesländern an, wobei die Rückkoppelungen ostdeutscher Spezifika auf das gesamtdeutsche Parteiensystem *(Bundestagswahlen)* mit berücksichtigt werden.

II. Das Parteien- und Verbändesystem der DDR bis 1989

Der Chemnitzer Politikwissenschaftler Eckhard Jesse umschreibt „die Geschichte der Parteien in der DDR [als] die Geschichte der SED"[1]. Die geschichtliche Entwicklung in der sowjetischen Besatzungszone bis zum Jahre 1989 gibt ihm diesbezüglich Recht. Zwar war die SMAD[2] schneller in der Sache Neu- und Widergründungen von Parteien zuzulassen als ihre Westalliierten Verbündeten in den anderen Besatzungszonen Deutschlands. Jedoch folgte diesem *Befehl No. 2* der SMAD vom 10. Juni 1945 sukzessive die Ausrufung einer *Einheitsfront antifaschistisch-demokratischer Parteien* am 14. Juli für die Gründungen von SPD, KPD, CDU und LDP, welche den wie es sich zeigte nicht allzu langen Schatten

---

[1] Jesse, Eckhard: *Die Parteien in der SBZ/DDR 1945-1989/90*, in: Gabriel, Oscar W./ Niedermayer, Oskar/Stöss, Richard (Hg.): *Parteiendemokratie in Deutschland*, Opladen: Westdeutscher Verlag 1997, S. 84-105, hier: S. 84.
[2] Abk. für Sowjetische Militäradministration in Deutschland

vorauswarf auf das spätere System der Blockparteien und der Suprematie der marxistisch-leninistischen Partei in der DDR.

Der Weg dorthin wurde über den Zusammenschluss von SPD und KPD zur SED im April 1946, der Gründung von DBD und NDPD als Satelliten der SED 1948, sowie der Massenorganisationen FDGB, KB, VdgB, DFB, FDJ, die sich ebenfalls programmtisch an die SED angliederten oder sich ihr unterordneten. Während es der SED gelang auf lokaler Ebene in den Kommunalwahlen große Erfolge zu verbuchen, war sie in den gleichzeitig 1946 stattfindenden Landtagswahlen an ihrem Ziel in jedem Land die absolute Mehrheit zu erreichen gescheitert und ließ fortan keine Wahlen mehr zu, in denen das (für die SED positive) Ergebnis nicht schon bereits feststand. Dies erreichte das kommunistische Regime über die Erstellung einer Liste der *Nationalen Front*, über welche der proportionale Anteil der Parteien und Verbände im Vorfeld determiniert wurde und zu der der Wählende nur seine Zustimmung geben oder verweigern konnte. Letzteres geschah wegen des sozialen Drucks, Repressionsangst und vor allem geschuldet dem unfreien und nicht geheimen Charakter der Wahl eher selten, was in der Regel Wahlbeteiligungen und Zustimmungsraten von annähernd 100% zur Folge hatte.[3]

Die SED selbst verfügte in der Volkskammer – dem nach Verfassung über die Gewaltenkonzentration zentralen Organ – nicht über eine eigene Mehrheit, was sie auch nicht bedurfte, weil sowohl die vertretenden Verbände, als auch die anderen Parteien den Führungsanspruch der SED anerkannten und in Abstimmungsverhalten ihr folgten. Auch dies hatte eine Zustimmungsquote bei Gesetzesentscheidungen von in der Regel 100% als Resultat. Die einzige Ausnahme hierzu war die Abstimmung über die Einführung der Fristenregelung zum Schwangerschaftsabbruch, bei der einige CDU-Abgeordnete dagegen votieren (durften). Die konstitutionelle Bedeutung der Volkskammer wurde dadurch und der mit ihr einhergehenden Übertragung der Entscheidungsfindung auf den durch die SED vertretenen Staatsrates der DDR unterminiert. Die wahre Macht im Staate hatte die SED, noch genauer das Zentralkomitee der Partei und das aus ihm hervorgehende Politbüro.[4]

Die SED übernahm im Zuge der Entsozialdemokratisierung in den frühen 1950er Jahre die wesentlichsten Organisationsprinzipien der KPdSU: den demokratischen Zentralismus als Prozedere der Entscheidungsfindung, die hierarchische Organisationsstruktur nach Territorial- und Produktionsprinzip, sowie das Nomenklatursystem, was den Machterhalt der herrschenden Clique in der Partei sicherte und nur treue Parteikader eine Chance auf Aufstieg offerierte. Es kam zu weitreichende Verschränkungen von

---

[3] Vgl. ebd., S. 91f.
[4] Vgl. ebd.

Parteifunktionen und Staatsämtern, die zur Verkrustung des Staates beitrugen und bis 1989 anhielten.[5]

III. Transformation des DDR-Parteisystems bis zur Wiedervereinigung

Die Zeit zwischen Mai 1989 und 03. Oktober 1990 war die entscheidende Umgestaltungsphase in der ostdeutschen Gesellschaft an deren Anfang die Kommunalwahlfälschungen, die durch oppositionelle Gruppen erstmals belegt werden konnten, und am Ende die eineinhalb Jahre vorher nicht einmal für möglich erachtete Wiedervereinigung beider deutscher Staaten standen. Bezüglich des Parteiensystems lassen sich drei, beziehungsweise vier Phasen für diesen Transformationszeitraums ausdifferenzieren. So spricht Gerd Joachim Glaeßner unter der Perspektive des Prozesses hin zu freien Wahlen von Gründung neuer politischer Vereinigungen und Abnabelung der Blockparteien von der SED als ersten; der Konstituierung als politische Parteien als zweiten; und dem Bilden von Wahlallianzen für die Volkskammerwahlen am 18, März 1990 als dritten Schritt in der Systemtransformation in der Wendezeit.[6] Problematisch dabei ist nichtsdestotrotz die Auslassung der Zeitspanne von eben diesen Märzwahlen bis zum exakten Datum der Wiedervereinigung Anfang Oktober 1990.

Oskar Niedermayer und Richard Stöss elaborierten ein vierphasiges Modell, in dem sie explizit die Entwicklung der Parteienlandschaft in der DDR von einem „nichtkompetitiven Hegemonialsystem zu einem demokratisch-pluralistischen System"[7] in der ganzen Spanne vom Herbst 1989 bis Herbst 1990 aufzuzeigen suchen. Die erste Phase bis November 1989, die Phase der *Bipolarisierung* kennzeichnet sich durch den Aufbau eines antagonistischen Gegensatzes zwischen der herrschenden SED und dem Volk in der DDR, in welchem erste das Supremat zu erhalten, das letztere, es zu brechen gedenkt. Die seit den späten 70er Jahren unter dem Dach der Kirche existenten Gruppen treten im Rahmen der Kommunalwahlfälschungen und der Grenzöffnungen in Ungarn nun an die Öffentlichkeit und formierten sich in Bürgerbewegungen wie Initiative für Frieden und Menschenrechte (IFM), Demokratischer Aufbruch (DA), Neues Forum (NF), oder die Sozialdemokratische Partei in der DDR (SDP), wobei letztere sich bereits als Partei in diesem Sinne verstand.[8]

---

[5] Vgl. ebd., S. 94ff.
[6] Neugebauer, Gero: *Die Transformation des ostdeutschen Parteiensystems seit 1989*, in: Stephan, Gerd-Rüdiger et al. (Hg.): *Die Parteien und Organisationen der DDR. Ein Handbuch*, Berlin: Dietz 2002, S. 231-268, hier: S. 233.
[7] Niedermayer, Oskar/ Stöss, Richard: *DDR-Regimewandel, Bürgerorientierungen und die Entwicklung des gesamtdeutschen Parteiensystems*, in: Dies.(Hg.): *Parteien und Wähler im Umbruch*. *Parteiensystem und Wählerverhalten in der ehemaligen DDR und den neuen Bundesländern*, Opladen: Westdeutscher Verlag 1994, S. 11-36, hier: S. 11.
[8] Vgl. Ebd., S. 12ff.

Mit dem Sturz Honeckers, dem kurzen Intermezzo Krenz, der Maueröffnung am 09. November 1989 und der darauffolgenden Regierungsübernahme durch Hans Modrow Mitte November schließt sich die zweite Transformationsphase der *Ausdifferenzierung* vom Dezember bis Januar 1990 an. Die bisher aktiven Bürgerrechtsgruppen differenzierten sich aus in einerseits selbstbekennende Parteien (SDP, DA, Deutsche Forumspartei), andererseits verblieben NF, IFM, Demokratie Jetzt, sowie die Vereinigte Linke in ihrem alten schwerfälligen Organisationsprinzip der basisdemokratischen Sammlungsparteien.[9] Im Nachhinein sollte sich dies als gravierender Nachteil bei der anstehenden Volkskammerwahl erweisen. Weiterhin kam es zur Neugründung von Parteien die keinen Traditionsbezug zur Oppositionsbewegung des Sommers und Herbstes 1989 hatten. Bedeutend und namentlich zu erwähnen sind die Deutsche Soziale Union (DSU) und die Freie Demokratische Partei in der DDR (F.D.P.-Ost).[10]

Die bisherigen Blockparteien CDU, LDPD, NDPD, DBD begannen sich von der SED sowohl verbal als auch programmatisch abzusetzen, wobei es der CDU unter ihrem neuen Vorsitzenden Lothar de Maizière besser gelang als den anderen Blockparteien[11].[12] Die SED, nunmehr firmierend unter der Bezeichnung SED-PDS, verzichtete zwar auf ihren Führungsanspruch in der DDR-Verfassung, der Anfang Dezember 1989 von der Volkskammer gestrichen wurde, aber war weiterhin bestrebt ihre Macht im höchstmöglichen Ausmaß zu präservieren, erstens über die Einrichtung eines Runden Tisches am 07. Dezember, der als quasi-Legislative unter Einbindung der oppositionelle Organisationen, zweitens deren Aufnahme in die Modrow-Regierung der Nationalen Verantwortung, um ihnen (wenn auch erfolglos) den Wind aus den Segeln zu nehmen.[13] Parallel dazu drückte sich aber der reale Machtverlust im kontinuierlichen Rückgang der SED-Mitgliederzahlen aus, insgesamt eine Million im Zeitraum vom Dezember bis Mitte Februar 1990.[14]

In der dritten Phase vom Februar bis Juli 1990 kam es zur *Angleichung* der Parteien in Ostdeutschland mit ihren Pendants in der alten Bundesrepublik. Die westdeutschen Parteien waren zuallererst versucht Kontakte zu ihren Schwesterparteien in Form der alten Blockparteien aufzubauen. Ausnahmen bildeten die SPD und CSU die sich mit den Neugründungen von SPD Ost und DSU arrangierten. Für CDU und FDP galt es die Erneuerung ihrer Blockschwestern voranzutreiben und Wahlbündnisse für die Volkskammerwahl zu schließen. Aus diesem Impetus heraus entstand Helmut Kohls

---

[9] Vgl. Ebd., S. 18f.
[10] Vgl. Ebd., S. 19.
[11] Auf die Gründe dafür wird später noch eingegangen.
[12] Vgl. Ebd., S. 20.
[13] Klein, Thomas: *Die neuen politischen Vereinigungen des Herbstes 1989 und ihre Wendungen*, in: Stephan, Gerd-Rüdiger et al. (Hg.): *Die Parteien und Organisationen der DDR. Ein Handbuch*, Berlin: Dietz 2002, S. 190-230, hier: 211f.; 221ff.
[14] Vgl. a.a.O. Niedermayer/Stöss, S. 20.

Wunschprojekt einer *Allianz für Deutschland*, sowie der liberale Bund Freier Demokraten (BFD) aus LDPD, DFP und F.D.P.-Ost. Auch auf Seiten der Bürgerrechtsbewegungen kam es zur Sammlung und Einigung auf das Wahlbündnis *Bündnis 90* aus IFM, NF und DJ.[15]

Am 18. März 1990 fanden die ersten freien Volkskammerwahlen in der Geschichte der DDR statt. Abgesehen davon, dass die Ostdeutschen erstmalig ihre Repräsentanten selbst bestimmen konnten, war die Wahl auch eine Richtungsentscheidung, ob und vor allem in welcher Form die Deutsche Einheit kommen sollte. Während die nunmehr PDS umgetaufte ehemalige staatstragende SED die Aufrechterhaltung der vollen staatlichen Souveränität der DDR postulierte sprachen sich z.B. SPD und die Grünen in der der DDR für eine föderative Lösung im europäischen Rahmen bzw. eine Konföderation, die *Allianz für Deutschland* für eine Wiedervereinigung nach Art. 23 GG so schnell als möglich aus.[16] Das Ergebnis der Volkskammerwahl kann diesbezüglich als ein klares Mandat für die konservativen und liberalen Kräfte gedeutete werden. Denn die *Allianz für Deutschland*, bestehend aus den getrennt angetretenen Parteien CDU, DA und DSU erreichte zusammen rund 48% der Stimmen, wobei die CDU mit 40,6% der eindeutige Wahlgewinner war und somit die „Volkskammerwahl [...] das Ende der DDR [besiegelte]"[17].[18] Drei Aspekte sind an diesem Wahlergebnis bemerkenswert. Erstens schnitt die CDU fast doppelt so gut ab wie die SPD mit ihren 21,76%, welche in Prognosen bereits als klarer Wahlsieger gesehen wurde. Dies dürfte nicht unwesentlich dem durch die Modrow-Regierung auf den März vorgelagerten Wahltermin geschuldet sein, der einen besseren Ausbau der SPD-Organisation entgegenwirkte und der CDU, die in ihren strukturellen Möglichkeiten aus Blockzeiten weiterarbeiten konnte einen Vorteil verschaffte; und an der halbherzigen Unterstützung der Ost-SPD durch ihre westdeutsche Schwesterpartei.[19] Zweitens konnte die CDU sich als einzige Blockpartei im neuen Parteiensystem der DDR etablieren, während alle anderen zusammen nicht über 10% kamen, und das vorausgesetzt, man rechnet den BFD als Ganzes ein. Drittens ist es den Bürgerrechtsbewegungen nicht gelungen parlamentarisch Fuß zu fassen. Bündnis 90, Grüne-UFV und das Aktionsbündnis Vereinigte Linke /Nelken erreichten zusammen nicht einmal 6%, was sich wie bereits erwähnt aus der mangelnden Fähigkeit, sich von dezentralen Basisbewegungen zu rationalen Parteiorganisationen zu wandeln erklärt.

Das Scheitern der Blockparteien lässt sich primär auf deren anfänglich fehlende Bereitschaft zum personellen und programmatischen Neuanfang erklären. Im Gegensatz zur

---

[15] Vgl. ebd., S. 22f.
[16] Eith, Ulrich: *Parteien*, in: Weidenfeld, Werner/Korte, Karl-Rudolf: *Handbuch zur deutschen Einheit*, Bonn: Bundeszentrale für politische Bildung 1996, S. 558-569, hier: S. 564.
[17] Ebd., S. 565.
[18] Eine tabellarische Darstellung des Wahlergebnisses ersichtlich bei Jesse 1997.
[19] Vgl. Niedermayer, Oskar: *Von der Hegemonie zur Pluralität: Die Entwicklung des ostdeutschen Parteisystems*, in: Bertram, Hans/ Kollmorgen, Raj (Hg.): *Die Transformation Ostdeutschlands. Berichte zum sozialen und politischen Wandel in den neuen Bundesländern*, Opladen: Leske+Budrich 2001, S. 77-96, hier: S. 82.

CDU, die bereits im November 1989 sich eine neue Führung gab, war der Paradigmenwechsel in der LDPD erst im Februar 1990 abgeschlossen; der Umbau der Leitungsgremien und Entscheidungsstrukturen in DBD und NDPD ließ sich bei beiden künstlichen Satellitenparteien der SED jedoch nicht erfolgreich durchführen, was sich in den korrespondierenden Volkskammerwahlergebnissen widerspiegelte.[20] Abhängigkeit von den Blockstrukturen und den Vorgaben der SED auf der einen Seite, die Unfähigkeit dadurch in einem kompetitiven Parteiensystem auf den Wertewandel der Bevölkerung zu reagieren, geschweige denn selbst den Unmut der eigenen Parteibasis perzipieren zu können auf der anderen Seite, sowie dem Niedergang der Artikulationsmöglichkeiten mit dem Absterben der Parteipresse verursachte letztendlich den Abstieg der einst im Verbund mit der SED staatstragenden Parteien LDPD, NDPD, und DBD.[21] Die Gründe ihrer Existenz[22]: die Ablenkung von der realen kommunistischen Allmacht, Vorgabe eines fiktiven gesamtdeutschen Ideals, die Vermittlung von SED-Entscheidungen hinein in ihre jeweiligen Klientel und besonders die Integration in das staatssozialistische System waren nun nicht länger vorliegend. Die SED bestand trotz Auflösungsgedanken, Massenaustritten und Identitätsfindungsschwierigkeiten bei einem Wahlergebnis von etwas mehr als 16% als eine marginale Mittelpartei fort.

Die Vorgänge der letzten Transformationsphase der *Vereinigung* vom August bis zum Tag der deutschen Wiedervereinigung am 03. Oktober 1990 knüpfen an die Volkskammerwahl an, die zu einer Bereinigung und Konzentration des Parteiensystems führte. Schon Ende März vereinigten sich nunmehr LDP und NDPD zur Partei Bund Freier Demokraten und nachdem Gespräche zur Vereinigung im Mai und Juni intensiviert wurden, fusionierten die liberalen Parteien DFP, BFD und F.D.P.-Ost mit der West-F.D.P. zur ersten gesamtdeutschen Partei im August 1990. Die beiden sozialdemokratischen Parteien gehen Ende September zusammen, während die gesamtdeutsche CDU erst Anfang Oktober entsteht. Voraus ging der mehrheitliche Beitritt der DBD-Mitglieder im Juni diesen Jahres, sowie Abspaltungen der DSU, welche selbst zu einer rechtspopulistischen Randpartei mit hauptsächlicher Aktivität in Sachsen degenerierte.[23] Die Ost-Grünen und Bürgerrechtsbewegungen überwanden als Bündnis 90/Grüne erfolgreich die regionalisierte 5%-Hürde bei der Bundestagswahl, die ihr West-Pendant verfehlte. Die Gründung der Bürgerrechtspartei Bündnis 90 im September 1991 machte die Notwendigkeit einer Einheit beider Parteien, insbesondere im Hinblick auf zukünftige Wahlen ohne Sonderregelungen wie bei der BTW 1990 mehr als offensichtlich.[24] Im Januar 1993 kam es daher zur letzten großen Parteivereinigung als Folge der Wende, mit

---

[20] Vgl. a.a.O., Neugebauer 2002, S. 251.
[21] Vgl. ebd., S. 253f.
[22] Vgl. a.a.O., Jesse 1997, S. 99f.
[23] Vgl. a.a.O., Neugebauer 2002, S. 256f.
[24] Vgl. a.a.O, Niedermayer/Stöss, S. 26.

der die Transformation vom DDR- zum gesamtdeutschen Parteiensystem als abgeschlossen angesehen werden kann, wobei die noch vitale PDS, welche die VL in sich mehrheitlich inkludierte[25], das beständige Charakteristikum in der Parteilandschaft des Ostens bildete.

IV. Die Evolution des ostdeutschen Parteiensystems bis 2009

Mit der Bundestagswahl und den einzelnen Landtagswahlen in den ostdeutschen Bundesländern sollte sich zeigen in welchem Maße die Adaption des westdeutschen Parteiensystems durch die politischen Akteure der ausgehenden DDR beim Wähler auf Resonanz stießen. Und in der Tat stand am Anfang bis 1993 ein dem westlichen Standard vergleichbares Setting von CDU, SPD, Liberalen sowie des Bündnis 90, später die Grünen mit einer deutlichen bürgerrechtlichen Ausrichtung. Weiterhin kam die PDS als wie schon benannter Sonderfall hinzu, was das Ganze zu einem Fünfparteiensystem elaborierte.[26] Die Bundestagswahl 1990 setzte den Trend der Volkskammerwahl und der Landtagswahlen fort: Die CDU wurde in Ostdeutschland mit 41,8% stärkste Partei und ließ die SPD mit 24,3% somit weit hinter sich. Das Bündnis 90 erreichte 6,3% und die Liberalen konnten aufgrund des Genscher-Bonus einen Überraschungserfolg von 12,9% verbuchen, während die PDS mit mageren 11,1% ihren Verfall fortzusetzen und ihren Status als ostdeutsche Mittelpartei zu verlieren schien.[27] Bis auf Brandenburg, wo die SPD zu stärksten Kraft avancierte und die einzige nicht-CDU-geführte Landesregierung stellte, lassen sich für die ersten Landtagswahlen von 1990 annähernd dieselben Stärkeproportionen ausmachen.

Alles das änderte sich mit dem Superwahljahr 1994, das neben BTW, Europawahl, einen Haufen Kommunalwahlen, auch mit den erneuten Wahlen zu den ostdeutschen Landtagen aufwartete. Die Dominanz der CDU wurde zwar bestätigt, doch konnte die SPD sich ihr prozentual nähern. Gründe dafür waren die bessere Mobilisierung der Arbeitnehmerschaft durch die Sozialdemokraten verglichen mit 1990, auf der CDU-Seite innerparteilichen Kämpfe, persönliche Skandale, die ökonomische Verschlechterung und das Obsoletwerden des Wahlmotivs die Deutsche Einheit zügig voran zu bringen.[28] Die SPD konnte darauf gestützt sich in den von der CDU angeführten Thüringischen und Mecklenburg-Vorpommerischen Landesregierungen beteiligen, und selbst das Amt des Ministerpräsidenten in Sachsen-Anhalt für sich beanspruchen.

Das bisherige Fünfparteiensystem wandelte sich im Zuge der Wahlen 1994 zu einem aus CDU, SPD und PDS bestehenden Dreiparteiensystem. Bis auf Sachsen-Anhalt scheiterten sowohl Bündnis 90/Grüne, als auch die FDP an der jeweiligen 5%-Hürde. Besonders

---

[25] Vgl. ebd., S. 260.
[26] Vgl. a.a.O., Niedermayer, S. 85.
[27] Regionalisierte Wahlergebnisse für die BTW 90 und 94 bei ebd., S. 86.
[28] Vgl. ebd., S.86f.

dramatisch, wenn man sich die Trendzahlen für die Bundestagswahl 1994 betrachtet. Die FDP stürzt um fast Dreiviertel von 12,9% auf 3,5% ab; die Grünen von 6,2% auf „nur" 4,3%, was an der Tatsache nichts ändert, dass nun beide Parteien nicht mehr zum gesamtdeutschen Ergebnis ihrer Parteien essentiell beitragen, sondern eher schaden.

Die PDS, die mit ihrer Abwärtsfahrt bei Mitgliederschaft und Wahlergebnissen schon Ende 1991 „unwiderruflich zum Niedergang verurteilt"[29] schien, leitete mit dem Jahr 1994 ihre Rekonvaleszenz ein, indem sie gründend darauf, dass die von Helmut Kohl versprochenen *blühenden Landschaften* in der Wahrnehmung der Bürger nicht auftauchten, noch die SPD sich als wahre Interessensvertreterin der kleinen Leute artikulieren konnte, obwohl sie wie bereits gesehen Boden gut machen konnte[30], den Wiedereinzug in den Bundestages durch den Gewinn von vier Direktmandaten (bei nur 4,4% Stimmengewinn) schaffte. In den Bundesländern konnte sie ihren Stand stabilisieren und verbessern. Frappierend ersichtlich wird dies bei einem Vergleich der ostdeutschen Bundestagswahlergebnisse: Angefangen von 11,1% 1990 auf 19,8% 1994, um dann mit 21,6% 1998 regulär die Fünf-Prozent-Hürde zu überspringen. Auch wenn die PDS im Jahr 2002 mit nur 16,9% und bundesweit mit 4,0% nur zwei Direktkandidaten in den Bundestag entsenden konnte, erreichte sie neuaufgestellt als Linkspartei.PDS ihr bestes regionales Ergebnis bei einer Bundestagswahl von 25,3%, den gleichen relativen Anteil wie die CDU.[31] In den Ländern bewegte sich die PDS/Linkspartei hin zu festen dritten bzw. zweiten Kraft im Parlament. In Sachsen überholte sie die SPD zum ersten Mal deutlich mit 22,2% zu 10,7%[32], in Sachsen-Anhalt mit 20,4% zu 20,0% im Jahre 2002.[33]

Mit wenigen Ausnahmen, dem Coup der rechtsextremen DVU und der FDP, die mit 12,9%, respektive 13,3% 1998 beziehungsweise 2002 in den Sachsen-Anhaltinischen Landtag[34], sowie die DVU mit 5,3% in den Brandenburgischen Landtag 1999[35] als Ausdruck elektoralen Protests einzogen blieb dieses Dreiparteiensystem bis zu den Landtagswahlen des Jahres 2004 stabil. Die Frage, die sich daraus zwangsläufig ergibt, ist wie aus einem solchen

---

[29] Patrick Moreau, zit. n. Breuer, Marten: *Die erste Gesamtdeutsche Bundestagswahl 1990 und die Folgen für das Parteiensystem*, in: Jesse, Eckhard/Klein, Eckart (Hg.): *Das Parteienspektrum im wiedervereinigten Deutschland*, Berlin: Duncker & Humblot 2007, S. 13-32, hier: S. 29.

[30] Vgl. ebd., S. 30.

[31] Daten beruhen auf einer detaillierten Darstellung des Bundeswahlleiters, abrufbar unter: http://www.bundeswahlleiter.de/de/bundestagswahlen/downloads/bundestagswahlergebnisse/btw_ab90_ost_west.pdf (letzter Zugriff: 12. August 2009).

[32] Vgl. Neugebauer, Gero: *Das Parteiensystem Sachsen*, in: Jun, Uwe/Haas, Melanie/Niedermayer, Oskar (Hg.): *Parteien und Parteiensysteme in den deutschen Ländern*, Wiesbaden: VS Verlag für Sozialwissenschaften 2008, S. 387-408, hier: S. 397.

[33] Vgl. Holtmann, Everhard: *Das Parteiensystem Sachsen-Anhalts*, in: Jun, Uwe/Haas, Melanie/Niedermayer,Oskar (Hg.): *Parteien und Parteiensysteme in den deutschen Ländern*, Wiesbaden: VS Verlag für Sozialwissenschaften 2008, S. 409-429, hier: S. 422.

[34] Vgl. ebd.

[35] Vgl. Stöss, Richard: *Das Parteiensystem Brandenburgs*, in: Jun, Uwe/Haas, Melanie/Niedermayer, Oskar (Hg.): *Parteien und Parteiensysteme in den deutschen Ländern*, Wiesbaden: VS Verlag für Sozialwissenschaften 2008, S. 167-192, hier: S. 179.

Zustand heraus eine Regierungsbildung zustande kommen kann. Zwar sind auch im Osten die Standards von Regierungsbildungen nach westlichen Mustern wie Alleinregierung (z.b. CDU in Sachsen bis 2004), Große Koalition (MV und TH 1994-1998), Schwarz-Gelb (SA von 2002-2006), sowie sogar das generelle Novum auf Länderebene – die Ampelkoalition (BB 1990-1994) zu Hauf angewendet wurden, doch stellte sich die Situation mit der exponierten Stellung der PDS neu dar. Den casus provocationis und die „Abschwächung des antiextremistischen Konsens"[36], der seit 1949/1990 de facto existierenden Doktrin niemals Allianzen mit staatsfeindlichen Parteien einzugehen, erfolgte mit der Bildung einer Rot-Grünen Minderheitsregierung durch Reinhard Höppner 1994 unter Duldung der PDS, die somit politisch hoffähig gemacht wurde. Dieses *Magdeburger Modell* setzte die SPD (diesmal ohne die ausgeschiedenen Grünen) nach der Wahl 1998 fort.[37] Zeitgleich entstand in Mecklenburg-Vorpommern die unter dem Schlagwort *Schweriner Modell* firmierende erste Rot-Rote Landesregierung und der nunmehr acht Jahre nach der Wende Re-Inklusion der PDS in die politische Gestaltungsmacht, zumindest eines Teils Ostdeutschland.[38] Obwohl damals die Einbindung der ehemals staatstragenden kommunistischen Partei in die Regierungsverantwortung durch die SPD eher auf Machtkalkül anstatt ihrer Klassifizierung als *demokratisch* zurückzuführen ist[39], kann in der Rückschau dieses Vorgehen doch als signifikanter Erfolg gesehen werden; halfen beide Modelle doch die PDS mit der bundesdeutschen Demokratie zu versöhnen und ihre Ansichten konstruktiv in den politischen Diskurs und in pragmatische Arbeit einfließen zu lassen und zu einer Entkrampfung des Systems beizutragen.

In den letzten Jahren sind jedoch vielfach Tendenzen offensichtlich geworden, die anzudeuten scheinen, dass sich das Parteiensystem in Ostdeutschland wieder ausdifferenzieren wird, unabhängig von einzelnen Spontanerfolgen einzelner Parteien. Die Präsenz und der Wahlerfolg des organisierten Rechtsextremismus tragen nicht unwissentlich einen Teil dazu bei. Bei den sächsischen Landtagswahlen 2004 zog die NPD mit 9,2 und 12 Sitzen[40] in das Parlament ein.[41] Auch in Mecklenburg-Vorpommern gelang der Partei zwei Jahre später ein ähnlicher Erfolg mit 7,3%[42]. Das Abschneiden lässt sich nicht ohne weiteres nur aus dem Protestpotenzial der (Nach-)Hartz-IV-Jahre erklären, sonder auch aus einer langfristigen NPD-Parteistrategie, die den organisatorischen Aufbau der Landesverbände

[36] Jesse, Eckhardt: *Parteiensystem im deutschen Osten: 1990 bis 2000*, in: *Politische Studien* (51), Sonderheft Nr. 5, 2000, S. 68-81, hier: S. 75.
[37] Vgl. ebd., S. 74.
[38] Vgl. ebd., S. 74f.
[39] Vgl. ebd.
[40] Nur aufgrund eines zusätzlichen Ausgleichsmandats für CDU-Überhangmandate wurde die SPD mit 13 Sitzen zur Mandatsdrittstärksten Partei vor der NPD.
[41] Vgl. a.a.O., Neugebauer 2008, S. 397.
[42] Vgl. Grabow, Karsten, *Das Parteiensystem Mecklenburg-Vorpommern,* in: Jun, Uwe/Haas, Melanie/Niedermayer,Oskar (Hg.): *Parteien und Parteiensysteme in den deutschen Ländern*, Wiesbaden: VS Verlag für Sozialwissenschaften 2008, S. 265-290, hier: S. 270.

mittels Westkader, das Bilden von Bündnissen mit Freien Kameradschaften, und das Eindringen in jugendliche Subkulturen umfasste.[43] Weiterhin konnte die DVU ihren Platz im Brandenburgischen Landtag bei der Wahl 2004 verteidigen, auch wenn der Zuwachs von 5,3% auf 6,1% moderat ausfiel. Inwiefern die rechtsextremen Parteien und von denen insbesondere die NPD ihre Positionen ausbauen können ist fraglich. Die NPD besitzt zugegeben in Sachsen über eine feste Milieubasis, jedoch konnte sie ihre eigenen Erwartungen an die Kommunalwahl im Juni 2009 nicht erfüllen, was zusammen mit den derzeitigen Umfrageergebnissen den Wiedereinzug in den Landtag von Sachsen als tendenziell unwahrscheinlich erscheinen lässt.[44]

Auch auf Seiten der demokratischen Parteien ist ein Wiederaufstieg zu erkennen. 2004 schafften es sowohl die FDP, als auch die Grünen wieder Mandate in Sachsen zu erringen. Die FDP wurde in Mecklenburg-Vorpommern viertstärkste Kraft im Land, nachdem sie in drei Legislaturperioden vorher gar nicht im Landtag vertreten war. Auch in Sachsen-Anhalt hatte die rein-und-raus-Situation der Partei ein Ende, als sie nun in die zweite konsekutive Legislaturperiode gewählt wurde. Unter Einbeziehung der neuesten Umfragen für die im Jahr 2009 anstehenden Landtagswahlen in Sachsen, Thüringen und Brandenburg werden sowohl der FDP als auch den Grünen gute Chancen eingeräumt in alle drei Landtage einzuziehen. Wie die Bundes-FDP können auch die ostdeutschen Landesverbände auf einer komfortablen Stimmungslage aufbauen. Die aktuellen Umfragewerte von 12% für Sachsen und 9% für Thüringen dürften hoch und verglichen mit früheren Umfragen dieses Jahres stabil genug sein, um an den Einzug der Partei in beide Parlamente nur noch geringe Zweifel zu lassen. Für die Grünen verhält es sich ein wenig anders.[45] In Sachsen und Thüringen liegen sie bei 6%, in Brandenburg sogar bei nur 5%, weshalb es knapp für die jeweiligen politischen Akteure werden könnte.

Unabhängig davon, ob und in welchen Ausmaß nach dem 30. August, beziehungsweise 27. September 2009 Fünf-, oder selbst Sechsparteien-Parlamente dann in Ostdeutschland anzutreffen sind, besteht dennoch die Notwendigkeit zu hinterfragen, inwiefern sich die Wahlergebnisse auf einen empirischen Mentalitätenwechsel oder Milieuumbildungen stützen lassen, oder ob die temporäre Stärke der kleinen Parteien eher wesentlich geprägt ist von einer Oppositionsstimmung gegen die Große Koalition in Berlin. Denn von dieser profitieren vor allem die FDP und im gewissen Maße auch der Grünen. Besonders die extrem hohen Werte

---

[43] Vgl. Werz, Nikolaus: *Pateien in den Neuen Bundesländern seit 1990*, in: Jesse, Eckhard/Klein, Eckart (Hg.): *Das Parteienspektrum im wiedervereinigten Deutschland*, Berlin: Duncker & Humblot 2007, S. 49-64, hier: S. 58.
[44] Vgl. dazu ausführlicher die von den sächsischen Grünen Analyse des NPD-Ergebnisses zur Kommunalwahl , abrufbar unter: http://www.nazis-nein-danke.de/index.php?option=com_content&view=article&id=85:npd-schlechte-aussichten-fuer-die-landtagswahl&catid=34:startseite (letzter Zugriff: 12. August 2009).
[45] Aktuelle und ältere Umfragen finden sich auf wahlrecht.de; hier: http://www.wahlrecht.de/umfragen/landtage/index.htm (letzter Zugriff: 12. August 2009).

für die FDP in Ostdeutschland geben den berechtigten Anlass zu einer diesbezüglichen kritischen Analyse.

Literatur

Bündnis 90/Die Grünen – Landesverband Sachsen: *Die Erfolgsaussichten der NPD*, abrufbar unter: http://www.nazis-nein-danke.de/index.php?option=com_content&view=article&id= 85:npd-schlechte-aussichten-fuer-die-landtagswahl&catid=34:startseite (zuletzt abgerufen am 12. August 2009).

Bundeswahlleiter: *Ergebnisse der Bundestagswahlen seit 1990 für das frühere Bundesgebiet und Berlin-West sowie für die neuen Länder und Berlin-Ost (PDF)*, abrufbar unter: http://www.bundeswahlleiter.de/de/bundestagswahlen/downloads/bundestagswa hlergebnisse/btw_ab90_ost_west.pdf (zuletzt abgerufen am 12. August 2009).

Eith, Ulrich: *Parteien*, in: Weidenfeld, Werner/Korte, Karl-Rudolf: *Handbuch zur deutschen Einheit*, Bonn: Bundeszentrale für politische Bildung 1996, S. 558-569.

Grabow, Karsten, *Das Parteiensystem Mecklenburg-Vorpommern,* in: Jun, Uwe/Haas,Melanie/Niedermayer,Oskar (Hg.): *Parteien und Parteisysteme in den deutschen Ländern*, Wiesbaden: VS Verlag für Sozialwissenschaften 2008, S. 265-290.

Holtmann, Everhard: *Das Parteiensystem Sachsen-Anhalts,* in: Jun, Uwe/Haas,Melanie/Niedermayer,Oskar (Hg.): *Parteien und Parteisysteme in den deutschen Ländern*, Wiesbaden: VS Verlag für Sozialwissenschaften 2008, S. 409-429.

Jesse, Eckhard: *Die Parteien in der SBZ/DDR 1945-1989/90*, in: Gabriel, Oscar W./ Niedermayer, Oskar/Stöss, Richard (Hg.): *Parteiendemokratie in Deutschland*, Opladen: Westdeutscher Verlag 1997, S. 84-105.

Jesse, Eckhardt: *Parteiensystem im deutschen Osten: 1990 bis 2000*, in: *Politische Studien* (51),Sonderheft Nr. 5, 2000, S. 68-81.

Klein, Thomas: *Die neuen politischen Vereinigungen des Herbstes 1989 und ihre Wendungen*, in: Stephan, Gerd-Rüdiger et al. (Hg.): *Die Parteien und Organisationen der DDR. Ein Handbuch*, Berlin: Dietz 2002, S. 190-230.

Neugebauer, Gero: *Das Parteiensystem Sachsen*, in: Jun, Uwe/Haas, Melanie/Niedermayer,Oskar (Hg.): *Parteien und Parteisysteme in den deutschen Ländern*, Wiesbaden: VS Verlag für Sozialwissenschaften 2008, S. 387-408.

Neugebauer, Gero: *Die Transformation des ostdeutschen Parteiensystems seit 1989*, in: Stephan, Gerd-Rüdiger et al. (Hg.): *Die Parteien und Organisationen der DDR. Ein Handbuch*, Berlin: Dietz 2002, S.231-268.

Niedermayer, Oskar/ Stöss, Richard: *DDR-Regimewandel, Bürgerorientierungen und die Entwicklung des gesamtdeutschen Parteiensystems*, in: Dies.(Hg.): *Parteien und Wähler im Umbruch. Parteiensystem und Wählerverhalten in der ehemaligen DDR und den neuen Bundesländern*, Opladen:Westdeutscher Verlag 1994, S. 11-36.

Niedermayer, Oskar: *Von der Hegemonie zur Pluralität: Die Entwicklung des ostdeutschen Parteiensystems*, in: Bertram, Hans/ Kollmorgen, Raj (Hg.): *Die Transformation Ostdeutschlands. Berichte zum sozialen und politischen Wandel in den neuen Bundesländern*, Opladen: Leske+Budrich 2001, S. 77-96.

Patrick Moreau, zit. n. Breuer, Marten: *Die erste Gesamtdeutsche Bundestagswahl 1990 und die Folgen für das Parteiensystem*, in: Jesse, Eckhard/Klein, Eckart (Hg.): *Das Parteienspektrum im wiedervereinigten Deutschland*, Berlin: Duncker & Humblot 2007, S. 13-32.

Stöss, Richard: *Das Parteiensystem Brandenburgs*, in: Jun, Uwe/Haas, Melanie/Niedermayer,Oskar (Hg.): *Parteien und Parteisysteme in den deutschen Ländern*, Wiesbaden: VS Verlag für Sozialwissenschaften 2008, S. 167-192.

Wahlrecht.de: *Landtagswahlumfragen*, abrufbar unter: http://www.wahlrecht.de/umfragen/landtage/index.htm (zuletzt abgerufen am 12. August 2009).

Werz, Nikolaus: *Pateien in den Neuen Bundesländern seit 1990*, in: Jesse, Eckhard/Klein, Eckart (Hg.): *Das Parteienspektrum im wiedervereinigten Deutschland*, Berlin: Duncker & Humblot 2007, S. 49-64.